A guardiã dos segredos de família

BARCO
A VAPOR

A guardiã dos segredos de família

Stella Maris Rezende

Ilustrações
Victor Leguy

© Stella Maris Rezende (texto), 2011

Coordenação editorial: Cláudia Ribeiro Mesquita
e Graziela Ribeiro dos Santos
Edição e preparação: Fabio Weintraub
Revisão: Marcia Menin e Carla Mello Moreira

Edição de arte: Rita M. da Costa Aguiar
Produção industrial: Alexander Maeda
Impressão:Bartira

Dados Internacionais de Catalogação na Publicação (CIP)
(Câmara Brasileira do Livro, SP, Brasil)

Rezende, Stella Maris
    A guardiã dos segredos de família / Stella Maris Rezende ;
ilustrações Victor Leguy. -- 2. ed. --São Paulo : Edições SM, 2017. --
(Coleção barco a vapor)

    ISBN 978-85-418-2011-0

    1. Ficção - Literatura juvenil I. Leguy, Victor. II. Título. III. Série.

17-11607   CDD-028.5

Índices para catálogo sistemático:
    1. Ficção : Literatura juvenil 028.5

Grafia conforme o novo Acordo Ortográfico da Língua Portuguesa

1ª edição junho de 2011
2ª edição 2018
6ª impressão 2023

Todos os direitos reservados a
EDIÇÕES SM
Avenida Paulista 1842 – 18ºAndar, cj. 185, 186 e 187 –
Cetenco Plaza
Bela Vista 01310-945 São Paulo SP Brasil
Tel. (11) 2111-7400
atendimento@grupo-sm.com
www.smeducacao.com.br

Para Dorinha, Fabíola,
Rebeca, Serginho e Sérgio

Sumário

Um 11

Dois 31

Três 47

Um

Os muros das casas sabiam que Nenenzinha não tinha medo de aspereza. Sempre que estava na rua, ela enfiava neles as unhas das mãos, para sentir gastura, sofrer um pouco, praticar coragem.

Nenenzinha era uma menina novinha e já era tia. Tão pequenininha que os sobrinhos a chamavam de tia Nenenzinha.

Os quatro sobrinhos — Célia, Chiquito, Niquinho e Quinzinho — perderam a mãe, Lilita, que morreu de parto, levando com ela a quinta alminha, que não quis ficar no mundo, não quis chorar nem rir, preferiu ir com a mãe para um lugar que ninguém dá conta de descrever.

Era para os sobrinhos serem cuidados pelos tios padrastos: Delminda e Sebastião.

Delminda era irmã do Olinto, o viúvo da Lilita,

que não pôde cuidar dos filhos por ter mais necessidade de cuidar da sanfona e dos bailes de Morada Nova.

Sebastião era irmão da Lilita.

Era para os sobrinhos serem amados e muito bem tratados pela tia por parte de pai e pelo tio por parte de mãe, que, além de primos, eram marido e mulher.

Era para ser assim: quatro crianças felizes com os padrastos, que também eram tios. Além do mais, Delminda era madrinha do Niquinho, o filho mais velho da Lilita. Portanto, parecia tudo muito organizadinho.

Mas na vida é tudo muito bagunçadinho.

Tio Sebastião e tia Delminda não zelavam direito pelos sobrinhos, principalmente tia Delminda, que era bela, muito bela, mas também muito brava.

Sebastião não era horrível. Não forçava os sobrinhos a trabalhar de segunda a domingo na lida de varrer, limpar e lavar — coisas exaustivas a que tia Delminda os obrigava sem dó. O tio fechava os olhos para essas coisas, não por falta de afeto pelos sobrinhos, mas por falta de coragem de enfrentar a beleza e a braveza que o enfeitiçavam.

Amor é coisa complicadíssima.

Ocorreu que Nenenzinha resolveu mudar essa latomia, essa ladainha, penitência de quatro sobrinhos órfãos somente na lida de varrer, limpar e lavar. Ela gostava de brincar de guisadinho, chicotinho-queimado, pular maré, de cantar e dançar cantigas de roda na rua.

Os muros das casas sabiam o quanto Nenenzinha gostava de brincar. E sabiam também que ela ficava enorme quando queria mesmo uma coisa.

Nenenzinha viera de São Gotardo e dissera para Sebastião, seu irmão mais velho:

— Tião, eu vou cuidar dos quatro.

Era de madrugada. Sebastião, padeiro, estava preparando a massa para os pães daquela manhã. Sempre sério e sisudo, continuou atento à massa.

Nenenzinha insistiu:

— Tião, eu estou dizendo que vou cuidar dos meus sobrinhos, viu? Não quero mais ver eles nas garras da Delminda.

Sebastião decerto continuaria sério e sisudo, sem olhar para a irmã pequenininha, bem mais nova do que ele, mas o caso é que Nenenzinha tinha acabado de enfiar as garras da cunhada na massa do pão.

Ele precisava dizer alguma coisa. E disse, embora sem muita vontade:

— Não fala assim da Delminda.

Nenenzinha tinha ficado enorme, a cabeça quase encostava no telhado da casa.

A menina então acrescentou:

— Ela é cruel com os filhos da nossa irmã Lilita.

Sebastião fitou os olhos desafiadores da Nenenzinha. Sentiu vergonha, baixou o olhar fraco, ficou olhando para a massa do pão. Mas disse:

— Você é muito nova. Como vai cuidar deles?

Nenenzinha também olhou para a massa. E comentou:

— O pão que você faz é muito gostoso, viu? Parabéns!

Isso bastou para que Sebastião sofresse menos, se envergonhasse menos, daí a massa não estragou. Então ele disse:

— Perderam a mãe cedo demais... Faça por eles o que puder.

A menina saiu correndo, toda radiante.

Nenenzinha era só dois anos mais velha que Niquinho, de onze anos, três anos mais que Chiquito, quatro mais que Quinzinho e cinco mais que Célia, a caçula da Lilita.

Era menina ainda, nem tinha ficado moça.

Miudinha, um quase nada de gente.

Mas ficava enorme quando queria mesmo uma coisa.

Quando morava em São Gotardo, com os pais e os irmãos Isabel e Pedro, vivia alegre, toda serelepe. O que interrompeu o contentamento foi a morte da Lilita, porque Nenenzinha começou a se preocupar com os sobrinhos. Sabia que Olinto não cuidaria direito dos filhos, festeiro e sanfoneiro que era.

De fato, Olinto só queria saber de música e bailes. Acabou abandonando os filhos na casa da irmã dele, casada com o primo Sebastião, padeiro. "Não vai faltar pão pra eles!", decerto pensou. Sabia que a irmã não gostava de crianças; entretanto, deve ter imaginado: "A Delminda vai desenvolver o lado materno que toda mulher tem que ter!". Olinto, o sanfoneiro; irmão da Delminda, a passeadeira. Sebastião, o padeiro, enfeitiçado de amor, não daria conta de livrar os sobrinhos do gênio difícil da Delminda, que era bela, muito bela, mas também muito brava.

Então Nenenzinha conversou com os pais, disse que ia morar na casa do irmão mais velho, Sebastião. Ajudaria na criação dos sobrinhos que tinham ficado órfãos e não mereciam morrer em vida. A mãe da Nenenzinha, dona Corália, com o olhar surpreso e ao mesmo tempo contente, abraçou-a e disse: "Mas, minha filha, vou sentir demais da conta a sua falta..." O pai, seu Eustáquio: "A gente conhece a fama da Delminda... Você vai sofrer naquela casa, minha querida!"

Nenenzinha os abraçou com força, disse que sentiria saudade deles e dos irmãos Pedro e Isabel; se esforçaria para visitá-los de vez em quando. "Os seus netos precisam de amparo", ela completou. Acrescentou o fato de que havia em Morada Nova um ótimo colégio; continuaria a estudar.

Seu Eustáquio e dona Corália, apesar de tristes com a ausência da menina, sentiram muito orgulho da decisão dela. Era de ver que Isabel, de quinze anos, e Pedro, de dezessete, não tinham nem metade da metade da coragem da Nenenzinha; davam ainda muito trabalho, muita aflição. "Mas um dia eles se aprumam, criam juízo", seu

Eustáquio dizia. Dona Corália concordava:"Cada um tem seu ritmo, não é mesmo?"

Assim que chegou à casa do Sebastião, Nenenzinha confirmou o que já sabia a respeito da cunhada bela e brava. E, conforme avisara o irmão, começou a cuidar dos sobrinhos, atravessando as ordens da Delminda, passando por cima dos gritos da Delminda, empurrando para bem longe qualquer ameaça de duro sofrimento imposto pela bruxa.

Ajudava na arrumação do quarto deles, na lavação do banheiro, na tiração de poeira dos móveis. Fez um canteiro no quintal e plantou alface, tomate, couve, quiabo, salsa e cebolinha, que os sobrinhos aguavam com um regador vermelho. A tia menina e as crianças faziam salada ou picavam verduras para o almoço e a janta, mas, quando Delminda exagerava, pedindo que cozinhassem e passassem roupa, Nenenzinha dizia:

— Ô Delminda, ninguém passa roupa melhor que você!

Ou então comentava, sincera:

— Seu feijão com arroz e ovos estrelados são uma delícia!

E acrescentava com vigor:

— Agora é hora de criança brincar, viu? Tchau pra quem fica!...

Pegava os quatro sobrinhos e saía correndo para a rua.

Delminda respirava fundo, doida de raiva.

Graças à tia Nenenzinha, os quatro órfãos brincavam na rua, iam passear, divertiam-se nas chácaras vizinhas, tinham até vida boa. Gostavam de ter uma tia novinha, pequenininha, mas que ficava enorme quando queria mesmo uma coisa.

No entanto, havia um problema. Um deselegante problema.

As crianças tinham poucas roupas, apenas trapos desconjuntados. A respeito desse assunto, Delminda era uma capela ecoando um sermão:

— Se quiserem roupa, trabalhem, ajudem o Sebastião a economizar, comprem pano e vocês mesmos costurem a roupa, aprendam fazendo, que costurar é uma arte muito bonita, eu me arrependo muito de não ter aprendido a costurar, preciso comprar pronto, mas eu tenho marido, marido serve é pra isso. Vocês estão na idade de aprender. A idade de aprender é a mais bonitada vida. Eu fico triste quando penso que não estou

mais na idade de aprender, mas já disse e repito: eu tenho marido.

Os da idade mais bonita queriam roupinhas diferentes, menos velhas, menos puídas, sem tantos remendos horrorosos.

Havia outro problema. Um amargoso problema: a comida que Delminda fazia — os gostosos feijão com arroz e ovos estrelados no almoço e a singela sopa de legumes na janta — era pouca, muito pouca. Pouca no almoço, pouca na janta.

Sebastião era dono de padaria. Padaria pequena, de cidade pequena, que não dava muito dinheiro, mas garantia as despesas principais. Vai daí, poderia haver pão na hora da janta, pão que combinaria muito bem com a sopa de legumes.

Delminda proibiu o pão. Falou para o marido:

— Eles comem pão no café da manhã. Pão também na hora da janta? Isso é gulodice! Tome tento, Tião. Pão pra eles só de manhã, viu? Pra Nenenzinha a mesma coisa, que exemplo de obediência é certeza de salvação da alma.

Sebastião aprovou a medida, a coisa comedida, não por economia, mas por falta de coragem de discordar da beleza e da braveza da Delminda.

Os quatro órfãos também se pelavam de medo da tia Delminda.

Era um medo que parecia engolir a fome, mas não engolia. Com o tempo, um medo assim tinha inclinação para virar ódio, ressentimento, fome e sede de vingança.

Havia tia Nenenzinha, a tia menina.

Magrinha, miudinha. Uma miunça de gente.

Mas que ficava enorme quando queria mesmo uma coisa.

Toda noite, tia Nenenzinha entrava na padaria e pegava pão. Não muito, um tanto suficiente para salvar a alma do estômago do Chiquito, a alma do estômago do Quinzinho, a alma do estômago da Célia, a alma do estômago do Niquinho e a alma do estômago dela mesma.

A menina guardiã sabia o tamanho da fome de todos eles na idade de crescimento.

Nenenzinha entendia muito de crescimento.

Gostava de ver a gastura crescer quando enfiava nos muros as unhas das mãos.

Gostava de ver a massa do pão crescer.

Gostava de ver a vontade crescer.

Gostava de se ver gigante.

Saíra da casa dos pais, mas trouxera o livro que liam para ela, uma hora era a mãe que lia três páginas, outra hora o pai que lia cinco, *Dorinha e sua vida de menina*, a história da menina de Montes Claros, o diário de Maria Auxiliadora Loreto.

Nenenzinha lia e relia o livro, porque a história da menina de Montes Claros a encantava, fazia crescer dentro dela uma vontade de mudar coisas, inventar um mundo diferente. Delminda proibiu o pão à noite? Levou quem trouxe. Nenenzinha resolveria o amargoso problema.

Daí que eles comiam pão toda noite, antes de dormir.

Enquanto comiam, riam, riam muito.

Riam, porque tia Nenenzinha sabia onde tio Sebastião guardava a chave, não tinha medo de entrar no escuro da padaria, pegava pão dormido, que ninguém quis comprar, mas que ainda estava gostoso.

Célia quase engasgava com o riso.

Quinzinho fazia xixi na calça de tanto que ria.

Chiquito até chorava com essa risaiada toda.

Niquinho de repente ficava sério e imitava o

jeito de andar do tio: um andar esquisito, tombado para um lado, com os braços finos caídos ao longo do corpo, o olhar fincado numa tábua do assoalho, parecendo que o padeiro ia cair duro e seco a qualquer instante. Tio Sebastião: um pão duro e seco.

Eles riam muito. E se salvavam da fome e da sede de vingança.

Para resolver o deselegante problema, Nenenzinha aprendeu a costurar com sá Leonora, vizinha do lado, que também ensinava tricô e crochê.

Sá Leonora gostava de ver aquela fripinha de gente aprendendo a costurar tão depressa, parecia que tinha nascido para costureira.

Então sá Leonora dava para Nenenzinha todos os retalhos, e com eles a menina fazia sainhas, blusinhas, calças e camisas. Tudo de várias cores. Panos e tons misturados.

Os sobrinhos e ela se vestiam com essas roupas e ficavam muito graciosos.

Um dia, Nenenzinha viu Delminda esconder uma carta numa caixa de papelão, no fundo da última gaveta do guarda-roupa do casal.

Ela estava ajudando os sobrinhos a lavar a janela do quarto, ocupada em secar o peitoril de madeira, mas com o rabo de olho viu a cunhada esconder a carta.

O modo como Delminda guardou a carta foi esquisito.

Havia um segredo ali.

Nenenzinha não disse nada. Terminou de secar o peitoril da janela.

Outro dia, Nenenzinha viu Sebastião dando ordens para Luciano, rapaz que ajudava no balcão da padaria. Ela estava com os sobrinhos na lida de limpar as prateleiras dos armários de mantimentos, muito atarefada, mas prestou atenção na conversa.

— Luciano, você continue entregando os pães e jamais toque nesse assunto, por favor.

— Fique sossegado, seu Tião.

— A Delminda não pode saber que você está levando pães fresquinhos.

— Eu sei. Ela pensa que são pães dormidos.

— Ela mandou que eu desse pães dormidos, mas...

— Pães fresquinhos são mais gostosos, seu Tião. As crianças do orfanato merecem.

— A Delminda não pode saber disso...

— Fique sossegado, seu Tião.

Nenenzinha sorriu, continuou a limpação dos armários, festivamente orgulhosa do irmão padeiro.

Sempre que estava na rua, ela enfiava as unhas nos muros das casas.

Alguns bem altos, exagerados na imponência.

Outros eram baixos, frágeis e tortos.

Uns viviam esfolados, pedindo tinta nova.

Outros exibiam tinta acetinada, bonina ou verde-cré.

Mas todos aceitavam muito bem as unhas daquelas mãos.

Sabiam que Nenenzinha, no treino da vida, enfrentava coisas ásperas para reconhecer ou inventar delicadezas.

Sempre que doía muito a saudade dos pais e dos irmãos em São Gotardo, Nenenzinha conversava com os muros mais velhos, os feios e tortos, indefinidos, trincados, os abandonados, ásperos e tristes. Contava-lhes sobre sua vida de menina, misturada com a vida de menina do livro que ela lia e relia. Os muros ouviam a história. Vai ver, se encantavam também. O certo é que conheciam a menina cada vez mais.

Um dia, as mãos da Nenenzinha perceberam que os muros estavam diferentes.

Muito diferentes.

Mas tão diferentes que até assustavam.

Parecia que eles estavam adivinhando uma tragédia.

E estavam.

Aconteceu uma coisa que ninguém esperava.

As águas da represa de Três Marias invadiram a cidade, inundaram quase tudo, mataram o gado e a plantação.

Algumas pessoas morreram, porque não tiveram tempo de correr, subir no telhado das casas, na torre da igreja, pedir socorro.

Nenenzinha conseguiu escapar da fúria da inundação e salvou os quatro sobrinhos, mais Sebastião e Delminda.

Ela entendia muito de crescimento.

Cresceu mais que as águas da represa de Três Marias.

E, com unhas e dentes, tábuas e braços, salvou a família.

Era uma família destroçadinha: uma tia madrasta, um tio padrasto, quatro órfãos e a tia menina. A tia miudinha, que ficava enorme quando queria mesmo uma coisa, mas agora sem rumo e sem muros para enfiar as unhas das mãos.

Dois

Era uma tarde fria.

O mês, junho.

Ainda existiam os muros das casas para Nenenzinha enfiar as unhas, para sentir gastura, sofrer um pouco, exercitar coragem.

A tia menina e os quatro órfãos tinham acabado de lavar as vasilhas do almoço e ainda estavam na cozinha.

Quinzinho deu a ideia:

— Vamos pra festa junina no Morro da Capelinha?

Niquinho argumentou:

— A tia Delminda não vai deixar.

Chiquito coçando as costas na maçaneta da porta:

— A gente quer ir, mas a tia Delminda vive dizendo que criança não tem querer.

Célia riu e sugeriu:

— Vamos tomar um copo de suicídio?

Tia Nenenzinha decidiu:

— Vou falar com a Delminda, vou convencer a bruxa.

Nenenzinha pediu que os órfãos ficassem cerzindo meias perto da Delminda. Que cerzissem com capricho. Que até cantassem, demonstrando contentamento.

Nesse mesmo tempo, ela conversaria com a cunhada, a bruxa tão bela quanto brava.

E assim foi.

— Delminda, os meninos querem ir pra festa junina lá no Morro da Capelinha, viu?

Delminda prendia as duas tranças no alto da cabeça, diante do espelho à direita da porta de quem entra na casa. Perguntou à Nenenzinha:

— Acha que está bom assim? Ou seria mais faceiro fazer uma trança só, puxada por cima do ombro?

Nenenzinha respirou fundo.

Os quatro órfãos continuavam na cerzição.

Delminda continuava a se enfeitar diante do espelho.

Nenenzinha falou:

— Eles querem ir pra festa junina.

— Talvez eu devesse deixar o cabelo todo solto... Sabe que o Tião morre de ciúme, quando eu saio com o cabelo todo solto? Fico ainda mais bonita do que habitualmente.

Nenenzinha piscou para os quatro órfãos.

Vai daí eles começaram a cantar mais alto uma música assim:

Xô, meu sabiá, xô, meu zabelê,
Toda madrugada eu sonho com você.
Se você não acredita, eu vou sonhar pra você ver...

Cantaram de novo, e mais alto.

Delminda deixou o cabelo preso mesmo, as duas tranças dando voltas no alto da cabeça, e disse:

— Essa música me deixa sem rumo!

— Toda bruxa fica sem rumo quando ouve essa música — cochichou para os sobrinhos a tia menina.

Niquinho, Célia, Chiquito e Quinzinho voltaram a cantar mais baixo. Já estavam terminando de cerzir as meias.

Era quase noite e Nenenzinha esperou que Delminda retocasse o penteado pela última vez. Depois, disse:

— Os meninos querem ir pra festa junina.

— Já disse que criança não tem querer.

— Se não deixar, eu vou contar pro Tião tudo o que eu sei sobre você, dona Delminda.

Delminda parou o pente no ar. Em seguida, colocou devagar o pente sobre o console. Olhou para Nenenzinha, que tinha ficado enorme.

— Vai tomar conta deles direitinho?

— Sabe que sim.

Nenenzinha olhou para os quatro sobrinhos. Sorriu.

Dali mais um pouco, já estavam os cinco se arrumando para ir ao Morro da Capelinha.

Niquinho comentou:

— Nossa, a tia Delminda ficou apavorada quando você ameaçou contar pro tio tudo o que você sabe sobre ela...

Nenenzinha, colocando um diadema nos cabelos da sobrinha:

— Célia, você fica um primor com esse arco.

Chiquito:

— A tia Delminda parecia que ia desmaiar... Devem ser coisas horríveis o que a tia Nenenzinha sabe sobre ela!

Nenenzinha, abotoando a camisa do Quinzinho:

— Mais bonito assim, Quinzinho, sem mostrar a barriga, viu? Mais garboso.
Quinzinho então falou:
— Que coisas horríveis são essas?

Célia sorriu e encerrou o assunto:

— O importante é que coisas horríveis fizeram a tia Delminda deixar a gente ir pra festa junina. Benditas coisas horríveis!

Nenenzinha franziu a testa, ficou um tanto pensativa, depois apressou os sobrinhos.

Quanto mais cedo chegassem, mais São Pedro para aproveitar.

Outro dia, Nenenzinha viu o irmão com o semblante esquisito.

O padeiro tinha acabado de trancar a porta da padaria e se aproximou dela, que fazia uns exercícios de Matemática.

Na sala de visita.

Nenenzinha sentada diante da mesa de madeira. Um caderno. Uma borracha. Um lápis. Uma régua. Uma sacola de pano pendurada no espaldar da cadeira.

— Nenenzinha...

Ela observou o olhar esquisito dele.

— Fala, Tião, o que é?

O padeiro parecia ter medo das palavras. No entanto, parecia saber que finalmente usaria apropriadas palavras.

— Estou sentindo falta de uns pães que sobram, pães que a Delminda pensa que eu mandei o Luciano levar pro orfanato Santa Luzia, sabe?

— Sei.

— Eu digo pra Delminda que o Luciano levou os pães dormidos pro orfanato Santa Luzia, mas não levou.

— Não levou?

— Não levou.

— Não levou, pois é.

— Os pães dormidos sempre somem durante a noite.

Nenenzinha tinha terminado uma conta de multiplicar. Rápido, fez uma conta de dividir.

— Os pães dormidos vão pra onde?

Sebastião ajeitou a camisa dentro da calça, coisa que sempre fazia quando lembrava que tinha um cinto no cós da calça e que um cinto era coisa muito usada na educação de crianças. Ele ajeitava a camisa dentro da calça, decerto para mostrar que conhecia o método, mas preferia agir de outro modo.

Nenenzinha acrescentou:

— Que estranho, Tião.

Naquela noite, Sebastião de súbito insistente.

— Nenenzinha, me explica esse mistério do desaparecimento dos pães.

Ela fechou o caderno e perguntou:

— O que você prefere que desapareçam? Pães dormidos ou crianças acordadas?
— Hem...?

Nenenzinha tinha ficado enorme.

Quase quebrava as telhas da sala de visita.

E falou:

— Pelo amor de Santa Luzia, protetora de quem deseja ver as coisas como são, me diga, Tião, o que você prefere?

Sebastião tornou a ajeitar a camisa dentro da calça. Mas olhou para Nenenzinha e disse:

— Prefiro o sumiço dos pães.

Nenenzinha sorriu.

— Vou fazer meus exercícios de Geografia; um mapa e um questionário.

Ela tirou outro caderno da sacola de pano.

Ela entendia muito de esclarecimento.

Sebastião virou o rosto e nunca mais perguntou sobre o assunto.

Outro dia, Célia amanheceu com febre alta, não queria comer nem beber nada.

Nenenzinha ficou aturdida, bateu na porta do quarto da Delminda, que sempre dormia até mais tarde.

— Ô Delminda, acode a Célia!

Silêncio dentro do quarto.

Nenenzinha empurrou a porta e viu a cunhada desperta, mas ainda encolhida na cama, preguiçosa e madame.

Nenenzinha disse:

— A Célia está escutando os passos da morte.

Delminda continuou encolhida.

— Faz um chá pra ela, menina.

Nenenzinha tinha assuntado que a febre da Célia estava muito alta. Não era coisa que um chá qualquer resolvesse. Ela até havia molhado uma toalha com água fria, várias vezes, enrolava a menina na toalha fria, para fazer a febre baixar um pouco.

— O Tião viajou pra São Gotardo... — Nenenzinha explicou, querendo dizer que só contava com ela, Delminda.

Delminda que simplesmente:

— A gente não tem dinheiro pra médico, você sabe disso.

— Eu sei, mas...

— Faz o que você dá conta de fazer e pronto, menina. Se a Célia tiver que morrer, vai morrer. Não posso fazer nada. Ainda não dormi as minhas dez horas.

Nenenzinha não queria acreditar no que acabara de ouvir.

Aproximou-se da cunhada, fitou-a demoradamente e disse:

— Se não levantar da cama agora e não chamar o doutor Amílcar, não me importa se tem ou não tem dinheiro pra pagar a consulta, isso a gente resolve depois, se não levantar da cama agora e não chamar o doutor Amílcar, enquanto eu continuo a baixar a febre dela com a toalha de água fria, eu sozinha e Deus, porque os meninos estão na escola, se não levantar da cama agora, eu vou contar pro meu irmão tudo o que eu sei sobre você, sua bruxa.

Delminda pulou da cama, içada pelo olhar da Nenenzinha.

Um olhar enorme, que dizia tudo o que precisava ser dito naquele instante.

Muitas outras coisas aconteceram, antes da inundação, antes das águas da represa de Três Marias arrastarem com suas saias de águas o gado, a plantação, as casas, os muros e as pessoas que estavam na hora de morrer.

Teve um dia, eles estavam catando goiabas no quintal. Tinha goiaba da vermelha e goiaba da branca, nem dava para dizer qual a mais gostosa.

Eles estavam se esbaldando.

Chiquito engoliu um pedação de goiaba branca e pediu:

— Ô tia Nenenzinha, conta pra gente o que você sabe sobre a tia Delminda!

Depois de engolir um pedação de goiaba vermelha, Quinzinho falou:

— Quando a tia Nenenzinha toca nesse assunto, a tia Delminda fica desorientada!

Niquinho pulou de uma goiabeira e mostrou mais um cesto de goiabas fresquinhas:

— Estas daqui são as mais bonitas... Vamos dar pra madrinha tia Delminda?

Tia Nenenzinha não respondeu logo. Ficou pensando no fato de a Delminda ser madrinha do Niquinho e nunca o tratar como afilhado.

E Niquinho falando em dar para ela as goiabas mais bonitas. Concordou:

— Isso mesmo, Niquinho. Vamos levar essas pra sua madrinha.

E Célia:

— No fundo, o Niquinho gosta da tia Delminda!

Eles estavam no quintal, empanturrados de goiaba, sentados num banquinho de madeira fincado na terra batida. Tia Nenenzinha continuava pensando no assunto padrinhos e afilhados. Os quatro órfãos não tinham boa sorte nesse caso. Delminda e Derli formavam o casal de padrinhos do Niquinho: uma bruxa e um estudante de medicina que sumiu de Morada Nova, nunca mais dera notícia. O casal de padrinhos do Quinzinho parecia ser o pior: Rebeca e João, antigos companheiros de festas e bailes do Olinto, que foram para São Paulo, enriqueceram, mas jamais se lembraram do menino. Isabel e Pedro, os padrinhos da Célia, talvez se tornassem os melhores padrinhos da família quando se aprumassem e criassem juízo. Chiquito era afilhado do Sebastião, par da vizinha Graciana, que cedo morreu do mal de Chagas, nem teve tempo de demonstrar se era ou não era boa madrinha. Sebastião não maltratava o afilhado, mas também não lhe dispensava nenhuma atenção especial. E a voz do Chiquito interrompia os pensamentos da tia Nenenzinha, insistindo no outro assunto:

— Tia Nenenzinha, conta pra gente o que você sabe sobre a tia Delminda!

Niquinho interveio:

— A tia Nenenzinha é discreta, Chiquito.

Quinzinho:

— Se algum dia ela quiser contar, vai contar.

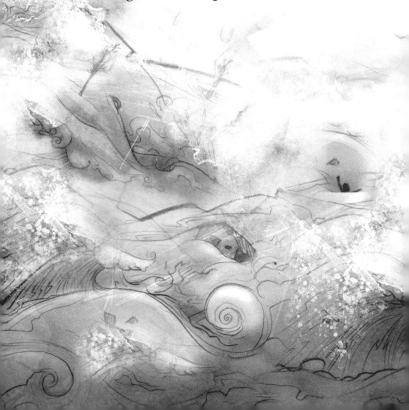

Célia:

— Só se for muito necessário, não é mesmo?

Nenenzinha sorriu. Levantou-se e falou para os sobrinhos:

— Vamos logo levar essas goiabas pra madrinha do Niquinho, vamos!

As pessoas que estavam na hora de morrer morreram.

A plantação e o gado não se sabe se estavam na hora de morrer, mas também morreram. Tudo por causa da inundação.

Os muros das casas resistiram bastante.

Alguns eram macios, aveludados, novos de tinta e de cor.

Nenenzinha preferia os mais velhos, os abandonados, ásperos e tristes, tortos e feios, trincados e indefinidos. Para eles contava sobre sua vida de menina, misturada com a vida de menina do livro que ela lia e relia.

Quando as águas vieram, eles desabaram todos.

No entanto, os preferidos da Nenenzinha foram os últimos a desabar.

Pareciam querer se certificar de que ela e a família estavam a salvo, para só depois se deixarem levar pelas águas da inundação.

Restou uma família bem destroçadinha.

Sem casa, sem muros.

Mas, antes da inundação, muita coisa aconteceu.

TRÊS

ERAM QUATRO ÓRFÃOS, mas não eram tristes.

Eram até muito contentes, para quem perdeu a mãe tão cedo e tinha uma bruxa por madrasta.

Eles tinham a tia Nenenzinha, a menina guardiã.

Nenenzinha era só dois anos mais velha que Niquinho, Antônio Francisco, o órfão mais velho, de onze anos.

Chiquito, Francisco Antônio, tinha dez.

Quinzinho, Joaquim Francisco, nove.

Célia, Célia Francisca, oito.

Nenenzinha era Maria Francisca.

A mãe dos quatro órfãos, a falecida Lilita, era Francisca Liliana.

De vez em quando, eles conversavam sobre esse assunto de família.

Nenenzinha:

— Gente, é muito Francisco e muita Francisca ao nosso redor!

Quinzinho se lembrou:

— A mãe da mãe da nossa mãe, quer dizer, a nossa bisavó por parte de mãe, se chamava Francisca Henriqueta.

Célia:

— A nossa bisavó por parte de pai era Marta Francisca.

Niquinho anunciou:

— Quando eu tiver uma filha, vai se chamar Ângela Francisca!

Chiquito:

— O padrinho tio Sebastião é Francisco Sebastião, não é?

Nenenzinha:

— E a Delminda é Delminda Francisca.

Então Célia quis saber:

— E a vó Lalinha mais o vô Taquito, hem, tia Nenenzinha?

Nenenzinha não respondeu, ficou se lembrando deles. A mãe, alta e clara, professora, sempre elegante numa saia comprida combinando com a

48

blusa. O pai, baixinho e moreno, calça preta e jaleco branco, atendente do pequeno hospital de São Gotardo. Um dia ela voltaria a morar com eles?

Célia insistiu:

— Hem, tia Nenenzinha? A vó Lalinha e o vô Taquito...?

Com muita saudade, a tia respondeu:

— Corália Francisca e Francisco Eustáquio.

Teve um dia, Nenenzinha sugeriu:

— Vamos desenhar a árvore genial e lógica da nossa família?

Era uma noite quente.

O mês, novembro.

Eles tinham terminado de lavar o alpendre da frente da casa.

Niquinho falou:

— Eu sei mais ou menos o que é isso...

Chiquito:

— Desenhar uma árvore genial e...?

— Genial e lógica — explicou Nenenzinha, levando o balde, o rodo e o pano para o alpendre do fundo da casa.

Os quatro irmãos a seguiram, ressabiados.

Era ainda aquela noite quente de novembro.

Eles já estavam sentados diante da mesa de fórmica da cozinha. Sobre a mesa havia uma folha de papel de embrulho meio amarrotada, muito boa ainda para escrever e desenhar.

Delminda apareceu de repente, com lenço novo no pescoço.

— Que ingresia, que confusão é essa? Não está na hora de rezar e dormir?

Nenenzinha apoiou os cotovelos sobre o papel. Olhou para a cunhada e disse calmamente:

— Ainda é cedo e amanhã é domingo.

Delminda ajeitou o lenço no pescoço.

— Por hoje tudo bem, mas não pode virar costume. Criança dorme cedo, faz bem pra saúde.

Nenenzinha continuou olhando para a cunhada. E disse:

— Ô Delminda, cuidar da família também faz bem pra saúde. Nós cinco estamos cuidando da família. Vamos começar a desenhar a árvore dela, sabe? Por favor, não nos atrapalhe.

Delminda olhou para o papel de embrulho sobre a mesa e ajeitou novamente o lenço no pescoço.

— Que ingresia é essa... Eu, hem... Desenhar a árvore da família... Nunca ouvi falar.

Em seguida, deu as costas e foi guindar na rua, como fazia todo sábado à noite.

Aos poucos, na folha de papel, apareceu a árvore genial e lógica daquela família.

Cada um desenhou um pouco.

O álbum de fotografias, aberto ao lado, era conferido todo instante.

Tinha a tataravó Ana Francisca.

O tataravô Francisco Olavo.

A tia Laura Francisca.

O tio Paulo Francisco.

A tia Francisca Isabel.

O tio Pedro Francisco.

As primas Clara Francisca e Francisca Olívia.

Naquela noite quente de novembro, já deitados para dormir, ainda conversaram sobre o assunto.

Quinzinho lamentou:

— O tio Paulo morreu afogado no Rio Indaiá, que coisa mais triste.

Niquinho exclamou:

— A tataravó Ana morreu de velha, cento e dois anos!

Chiquito:

— O tataravô Olavo morreu de acidente de caminhão, dizem que dormiu no volante, morreu dormindo. Nossa, nem viu que morreu.

Célia confessou:

— Eu olho pra uma pessoa e fico imaginando como vai ser a morte dela... Isso me atormenta às vezes.

Nenenzinha ficou séria. Os meninos também ficaram sérios.

Célia explicou:

— Acontece de vez em quando, sabe? De repente, eu olho pra uma pessoa e fico imaginando como ela vai deixar este mundo. Tem hora que eu acho divertido, mas tem hora que isso me atormenta.

Quinzinho:

— Larga a mão de ser doida, Célia.

Chiquito:

— Onde já se viu...

Niquinho:

— Mania mais maluca!

Então Nenenzinha se levantou, sentou-se na beira da cama da órfã caçula e fez um carinho no cabelo dela. Olhou para cada sobrinho, demoradamente. E disse:

— Se a gente faz a árvore genial e lógica, todo mundo vive pra sempre. Cada um fica lá na árvore, pra sempre.

Ainda aquela noite. Já era muito tarde e ninguém conseguia dormir.

O assunto estava entre eles, puxava o cobertor, sacudia a cama, não permitia que os olhos se fechassem.

Família Francisca Francisco sem poder dormir.

O assunto não deixava.

O jeito era dar muitas palavras ao assunto, para que ele finalmente se cansasse.

Quinzinho recomeçou:

— A verdade é que todo mundo morre.

Niquinho:

— Todo mundo fica num caixão e é enterrado.

Chiquito:

— Pode ser de acidente, pode ser de doença, pode ser aos pouquinhos, pode ser de repente, mas todo mundo estica as canelas.

Célia então disse:

— Vou imaginar a morte de cada um de nós. Vou imaginar de um jeito tão forte, mas tão forte, que vai acontecer de verdade. Uma morte bem bonita pra cada um, sabe? Nada de acidente, nada de susto. De preferência, mortes bem divertidas!

Quinzinho:

— Existem mortes divertidas? Larga a mão de ser doida, Célia.

Mas Célia não parava:

— Vamos pensar em como cada um gostaria de morrer?

Niquinho retrucou:

— Prefiro pensar no que a tia Nenenzinha falou, ou seja, cada um de nós vai viver pra sempre, porque alguém vai se lembrar da gente quando olhar a nossa árvore genial e lógica.

Chiquito reforçou:

— Eu também prefiro assim. Não quero saber de ficar imaginando como vai ser a minha morte.

Um pouco mais tarde, Quinzinho disse:

— Não consigo dormir, porque fico me lembrando dos parentes... Imaginando a vida de cada um... Quanta coisa aconteceu...

Niquinho ergueu os braços e os sacudiu, parecendo que ia levantar voo. E comentou:

— Se a gente pudesse conversar com os parentes que já se foram, Nossa, ia ser muito bom!

Chiquito, empolgado:

— Já pensou ver de perto a tia Laura? Dizem que tinha uma voz linda, que não foi cantora de rádio porque não quis.

Nenenzinha replicou:

— Não foi bem assim! Na verdade, ela foi proibida de cantar. Ficava presa no porão, por ordens do marido. Mas a família sempre escondeu essa verdade...

Célia, com o olhar embevecido:

— Eu queria ver de perto o tio Paulo... Dizem que ele era muito ladino e colecionava histórias de assombração...

Nenenzinha soltou os braços ao longo da cama, ergueu os olhos para o teto e disse:

— Uma coisa que não dizem é que o tio Paulo viajava pelas cidades próximas, pra ouvir as histórias de assombração que as pessoas conheciam, e depois anotava tudo num caderno. Olha só que coisa mais linda! Mas a mulher dele, num ataque de ciúme ignorante, queimou o caderno e disse pra ele parar com a mania besta de anotar invencionices do povo. Isso a família esconde! Eu tenho pra mim que o tio Paulo virou assombração e deve ter assustado muito a viúva. Bem feito pra ela!

Célia pensou um pouco. Depois afirmou:

— Eu não tenho medo de assombração. Se o tio Paulo quiser aparecer pra mim, que apareça.

Niquinho apoiou a cabeça nos braços cruzados sobre o travesseiro.

— Já eu vivo muito bem sem assombração, não me faz falta nenhuma. Quem tem a bruxa Delminda como tia, madrinha e madrasta, não precisa de assombração.

Ficaram rindo. Continuaram conversando.

Só conseguiram dormir lá pelas duas da manhã.

Num outro dia, Nenenzinha achou por bem tocar no assunto imaginação de mortes com Célia, que tinha apenas oito anos e já falava igual mocinha, sabia ler e estava aprendendo crochê com a vizinha sá Leonora.

A sobrinha acabara de chegar da aula de crochê e estava tomando água numa canequinha esmaltada.

Nenenzinha terminava de lavar as vasilhas do almoço.

— Tia, hoje eu comecei a fazer um caminho de mesa!

— Você é muito dedicada, Célia. Dá gosto de ver. Mas me explica melhor aquilo que você falou.

Célia lavou a canequinha, pendurou-a sobre a pia para secar. E disse:

— Aquilo que me diverte, mas às vezes me atormenta?

Nenenzinha guardou os últimos talheres na gaveta do armário e ficou olhando para a caçula da Lilita. Depois disse:

— Eu fiquei preocupada.

Célia puxou um tamborete e sentou-se perto da janela. Ficou olhando para o quintal.

Nenenzinha aproximou-se da janela, apoiou os cotovelos no peitoril, fitou o quintal por alguns instantes. Depois, virou-se lentamente, com uma das mãos puxou o queixo da sobrinha e fez com que as duas se olhassem.

As duas eram amigas. As duas meninas.

Os outros eram todos homens. Tia Delminda não contava, porque com ela não existia amizade.

— Eu estou preocupada, Célia.

A órfã caçula não afastou o olhar. Sorriu levemente.

Nenenzinha continuou:

— Você é madura pra sua idade, nem parece que tem só oito anos, mas agora está com essa mania de olhar pra uma pessoa e ficar imaginando como ela vai morrer... Isso é mórbido.

— Primeira vez que eu escuto mórbido.

— Coisa doentia e macabra.

— Ô tia, todo mundo vai morrer uma hora!

— Mas a gente não precisa ficar pensando nisso...

— Não precisa, mas pode, quer dizer, eu posso imaginar como vai ser a morte de alguém, se eu quiser. Ou é proibido?

— Proibido? Claro que não! Só é mórbido.

— Sei.

— Não é coisa pra uma menina de oito anos ficar imaginando, sabe?

— Tem vez que isso me atormenta, mas na maior parte do tempo eu acho divertido.

— Imaginar a vida é muito mais interessante!

— Imaginar a morte tem certo encanto.

— Minha Nossa Senhora do Rosário...

— Todo mundo tem medo da morte, essa é que é a verdade.

— Você não tem?

— Só um pouquinho, nada que me tire a vontade de ficar imaginando como a sá Leonora vai morrer. Enquanto ela está me ensinando crochê, tem hora que eu fico imaginando... Ela vai morrer dormindo, daqui a três meses.

— Cruz-credo, Célia, que coisa desagradável.

— Mas tem hora que eu imagino que a sá Leonora vai morrer só daqui a dez anos, numa tarde de chuva, depois de mandar uma carta pro filho que mora em Curitiba. Imagino até o que ela vai escrever na carta!

— Minha Nossa Senhora do Rosário...

— Imagino mais coisas, você precisa ver.

— Você diz essas coisas e não quer que eu me preocupe?

— Não se preocupe, tia. Já tem tanta coisa complicada pra você resolver... Pode deixar que eu me ajeito com meus tormentos.

— Ô Célia...

A órfã caçula observou o semblante aflito da Nenenzinha. Achou por bem aquietar-lhe o coração. E disse:

— Vou tentar parar com essa mania, viu?

— Eu agradeço.

— Vou tentar. Não sei se vou conseguir.

Nenenzinha franziu a testa. Ficou sem saber dizer mais coisas naquele instante.

Vai daí que Célia convidou:

— Já que ainda estamos vivas, vamos brincar de roda? Aposto que já tem muita menina esperando!

Os três meninos-homens, Niquinho, Chiquito e Quinzinho, gostavam de ficar sozinhos, apenas os três, para uns assuntos convenientes.

Nenenzinha entendia muito bem essa necessidade. No entanto, de vez em quando, fazia questão de se intrometer na conveniência deles.

Teve um dia, ela observou que Chiquito e Quinzinho pareciam estar com raiva um do outro.

Os três irmãos, no banheiro, já tinham acabado de tomar banho, estavam vestidos e penteavam o cabelo.

A porta do banheiro entreaberta.

Nenenzinha se aproximou e enfiou o rosto pelo vão.

— Vocês estão bonitos demais da conta... Vão namorar?

Niquinho olhou para ela, rapidamente, em seguida ficou olhando para o ladrilho do chão.

Quinzinho e Chiquito se olharam feio através do espelho.

— O que está acontecendo? — Nenenzinha perguntou para os dois, que continuavam a se olhar feio como se cada um quisesse matar o outro ali naquela hora.

Niquinho explicou:

— Os dois se apaixonaram pela mesma menina, a Vera Lúcia.

Nenenzinha quis rir, mas se conteve.

Chiquito e Quinzinho pararam de se olhar e saíram atabalhoados, cada um numa direção.

Nenenzinha foi andando, sem saber para onde ia.

Niquinho a seguiu, aturdido.

— Pois é, tia, o que vai ser dos dois agora?

— Mas, Niquinho, como isso foi acontecer?

— E eu sei? Agora os dois ficam dizendo que um tem que esquecer a Vera Lúcia e que o outro, só o outro vai namorar a Vera Lúcia. O problema é que nenhum dos dois quer ser o um que tem que esquecer a Vera Lúcia...

— Isso faz uns dias, não é?

— Uma semana, mais ou menos.

— E a Vera Lúcia?

Niquinho e Nenenzinha pararam no meio da sala.

Depois, sentaram-se no sofazinho listrado. Continuaram a tratar do assunto dos irmãos apaixonados pela mesma menina.

— Tia, a Vera Lúcia nem olha pra eles...

— Pra nenhum dos dois?

— Ela é muito exibida, sabe?

— É a filha mais nova da Maria Piedade?

— Justo.

— Como tudo começou?

— Eu estava perto e vi... Ela passou pelos dois, levantou a cabeça e ajeitou o cabelo, assim, colocando o cabelo pra trás, depois prendeu a ponta do cabelo com uma presilha prateada.

— E depois?

— Mais nada, tia. Eles se apaixonaram por causa disso.

— Ela passou pelos dois, levantou a cabeça...

— E ajeitou o cabelo, assim, colocando o cabelo pra trás, e depois prendeu a ponta do cabelo com uma presilha prateada.

— Foi o suficiente.

— Foi.

— Agora os dois estão de mal.

— Querem que um desista e só o outro fique falando dela o tempo todo, só o outro fique suspirando por ela, sabe?

Nenenzinha olhou para Niquinho e o abraçou.

Não disse mais nada.

Era um assunto delicado.

Antes que as águas da represa de Três Marias inundassem a pequena cidade e tudo ali parecesse acabado para sempre, muita coisa aconteceu.

Uma noite, depois de comer os pães dormidos que Nenenzinha pegara escondido, os cinco estavam silenciosos. Coisa bem difícil entre eles, que gostavam muito de conversar.

De repente, Nenenzinha se lembrou do livro *Dorinha e sua vida de menina*. Exclamou para si mesma: "Eu já devia estar fazendo isso!". Levantou-se, abriu uma das gavetas da cômoda e pegou o livro.

Ela faria com os sobrinhos a mesma coisa que os pais haviam feito com ela. Mais do que na hora, sim, leria para eles três ou cinco páginas por noite. Os órfãos da Lilita mereciam sentir a alegria que ela sentia ao se encantar com a história da menina de Montes Claros.

A partir daquela noite, a tia menina começou a ler para os sobrinhos. Em voz alta e bonita.

Outra noite, Nenenzinha reparou que Delminda não havia saído de casa.

Era noite de sábado; a cunhada saía toda noite de sábado.

Naquele sábado, por volta de oito e meia, Sebastião já estava dormindo, precisava levantar cedo para aprontar a massa do pão. Os sobrinhos também já dormiam.

E Delminda dentro de casa, andando de um lado para outro.

Era a primeira vez que Nenenzinha via Delminda daquele jeito, perdida dentro de casa.

Nenenzinha se preocupou. Aproximou-se. A cunhada acabara de atravessar o corredor e entrava na cozinha, onde continuou andando de um lado para outro.

— Precisa de alguma coisa?

Logo Delminda parou no meio da cozinha e a fitou com o olhar desesperado.

— Preciso de uma amiga.

A menina sentou-se num tamborete diante da mesa de fórmica. A cunhada se acomodou ao lado dela.

O coração da Nenenzinha pipocou. Aquilo estava acontecendo mesmo? Bruxas não precisam de amigas.

— Eu sei que você sabe de tudo e por elegância de alma nunca contou o meu segredo pro Tião.

Nenenzinha respirou fundo. Ela apenas vira Delminda esconder uma carta, nada mais.

— Claro que você leu todas as cartas que eu recebi.

— Minha Nossa Senhora do Rosário...

— Eu fazia suas vontades, com medo de que contasse tudo pro Tião.

— Muitas cartas?

— Você sabe que foram muitas.

— Eu...

— Cartas com palavras mentirosas. Agora eu sei que eram mentirosas.

— Delminda...

— O Vicente foi embora com outra.

— O nome dele é Vicente.

— Me traiu, me enganou.

— Você traiu e enganou o Tião.

— Me apaixonei. Perdi a cabeça.
— O Tião te ama...
— Eu sei. Eu não quis gostar de outro homem. Aconteceu.
— Mas agora...
— Agora ele foi embora com outra e eu quero morrer.
— Delminda...
— Eu quero morrer! Mas também não quero, entende?

— Quer ou não quer morrer?!

Delminda não respondeu depressa. Ficou olhando para Nenenzinha. Depois explicou:

— Eu quero morrer, porque estou com saudade. Mas eu não quero morrer, porque estou com ódio.

— Ódio de você mesma?

— Ódio de mim mesma, sim, por ter acreditado naquelas cartas. Sabe, Nenenzinha, eu preciso ser outra mulher. Sinto saudade do Vicente e me vem a vontade de morrer, mas logo vem o ódio de ter sido uma idiota, daí vem a vontade de ser outra mulher, uma que saiba lidar melhor com os homens, sabe? Ai, que ódio de mim!

— Bendito ódio, hem? Que ele vença a saudade, pra alegria do Tião.

— Você leu as cartas. Aquelas palavras me enfeitiçaram.

— Eu li...

— E ameaçava contar tudo pro Tião! Mas nunca disse nada. Evitou uma desgraça na família.

— Evitei uma desgraça, que bom.

— Você sabe guardar segredo. Você tem elegância de alma.

Nenenzinha ficou quieta, pensando em tudo o que acabara de ouvir. Ao lado dela, uma desconhecida.

Delminda então disse, ao se levantar do tamborete:

— Gosto muito de você, minha prima e cunhada Nenenzinha!

Não conhecia mesmo aquela pessoa que dizia gostar dela. Decerto gostava, mas de um jeito estranho.

E Delminda:

— Os filhos da Lilita me enervam. Deles eu não dou conta de gostar.

— Perderam a mãe cedo demais... São quatro crianças sem mãe e abandonadas pelo pai tocador de sanfona!

— Eu tenho culpa do Olinto ser um irresponsável? Nunca te contaram, mas ele me obrigou a ser madrinha do primeiro filho dele, me arrastou pra igreja, sabe? Pro Olinto, mulher é burro de carga. Sou obrigada a cuidar dos filhos do meu irmão? Eu nunca quis ter filhos, meu Deus do céu! Ainda bem que você cuida deles, Nenenzinha.

Delminda ainda falou:

— Foi bom conversar com você. Desabafei.

Nenenzinha olhou para ela, viu-a atravessar o corredor e entrar no quarto do casal.

A menina permaneceu na cozinha, sentada no tamborete diante da mesa de fórmica. Mais alguns minutos e só ela estaria acordada naquela casa.

Acordada até de madrugada, diante da mesa de fórmica, viu Sebastião sair do quarto, ir ao banheiro e depois entrar para coar café.

Ao vê-la:

— Bom dia, Nenenzinha. Madrugou hoje?

Ela sorriu para o irmão.

— Madruguei, pois é.

E se levantou do tamborete, dizendo:

— Vou fazer um café com leite bem gostoso pra nós.

Sebastião:

— Que bom! Já vou indo pra padaria então.

— Quando estiver pronto eu levo pra você, viu?

— Obrigado, irmãzinha.

Primeira vez que ele a chamava de irmãzinha.

Deu uma alegria enorme. Uma alegria maior que ela, muito maior, por mais gigante que ela pudesse ficar.

Era uma família que ia ser tomada de surpresa pelas águas desatinadas.

Três meninos, duas meninas, um padrasto e uma madrasta.

De repente, veio aquele mundo imenso de águas da represa de Três Marias.

Não fosse a menina guardiã, aquela família e todos os seus segredos ficariam afogados e esquecidos para sempre.

Estavam todos dormindo.

Num sono leve, Nenenzinha via os muros onde costumava enfiar as unhas das mãos. Queria mais uma vez enfiar neles as unhas, mas parecia que eles estavam desabando. E estavam.

Um estrondo horrível vinha das bandas da barragem de Três Marias.

A tia menina acordou. No sonho os muros haviam dado o aviso. Aconteceria uma tragédia.

O estrondo horrível, que viera das bandas da represa, era o começo da anunciada tragédia. Então ela acordou os sobrinhos, o irmão e a cunhada.

As águas viriam, Nenenzinha atinou. Mas não entrou em pânico. Lembrou-se do hotel em frente, prédio novo, com uma escada altíssima.

E rápido as águas já estavam chegando, com toda a fúria.

Delminda e Sebastião se tornaram duas estátuas, de tanto susto. Paralisados pelo medo, morreriam sugados pelas águas, que entraram na casa e começaram a arrastar tudo. Os quatro sobrinhos tremiam e gritavam.

Só Nenenzinha teve sangue-frio e coração forte para se movimentar, lidar com tábuas, puxar pelos dentes a blusinha da Célia, que quase foi a primeira a ser levada pela correnteza raivosa.

Salvou Célia, deixando-a em segurança no alto da escada do hotel em frente.

Rápida e firme, atravessou de novo as águas

barrentas da rua, entrou na casa já quase totalmente submersa. E salvou Quinzinho.

Chiquito e Niquinho tentavam tirar os padrastos, mas as duas estátuas eram de pedra, não saíam do lugar. Nenenzinha os ajudou a arrastar para o alto do hotel as estátuas Delminda e Sebastião.

No terceiro andar do hotel, que era uma grande varanda coberta, a família se viu reunida. Algum tempo depois apareceram outras pessoas, pálidas e assustadas, que também tinham acabado de perder a casa e tudo o que nela havia. Mas estavam livres da morte, que ainda trabalhava lá fora, decidida e incansavelmente.

Houve cães que nadaram e se salvaram.

Houve gatos e galinhas que pularam ou voaram, sobreviveram.

Houve muros que demoraram a desabar. Eram os preferidos da tia menina. Os muros velhos, tortos e feios, os abandonados, trincados, indefinidos, ásperos e tristes. Eram os que ouviam a história que ela contava.

STELLA MARIS REZENDE nasceu em Dores do Indaiá, Minas Gerais, e desde 2007 vive na cidade do Rio de Janeiro. Mestre em Literatura Brasileira pela Universidade de Brasília (UnB), é professora, atriz e escritora. Publicou dezenas de livros adultos e infantojuvenis e recebeu distinções importantes, como o João de Barro de Literatura (1986, 2001 e 2008), o APCA (2013) e o Prêmio Brasília de Literatura (2014). Por *A guardiã dos segredos de família*, a autora venceu o Prêmio Barco a Vapor 2010 da Fundação SM, o selo Altamente Recomendável da Fundação Nacional do Livro Infantil e Juvenil (FNLIJ) na categoria Jovem (2012) e o 2º lugar no Jabuti como Melhor Livro Juvenil (2012).

VICTOR LEGUY nasceu em 1979, na cidade de São Paulo. Formado em Desenho Industrial e Artes Visuais, fundou o Noir & Libre — Visual Studio, onde atua na área de desenho, ilustração, animação, vídeo e mídias digitais. Como artista visual, participou de exposições no Brasil e no exterior em galerias e mostras coletivas.

FONTES Unit Rounded e Augereau
PAPEL Offset 90 g/m^2